SOCIÉTÉ DES SCIENCES HISTORIQUES ET NATURELLES DE SEMUR EN AUSSOIS

GUIDE DU VISITEUR

À

ALESIA

ALISE-SAINTE-REINE (CÔTE-D'OR)

NOUVELLE ÉDITION REVUE ET AUGMENTÉE

EN DÉPOT :

AU MUSÉE ALESIA

et

Chez Mme MARLET, Libraire

A ALISE-SAINTE-REINE (Côte-d'Or)

LE PUY-EN-VELAY

IMPRIMERIE PEYRILLER, ROUCHON ET GAMON

SOCIÉTÉ DES SCIENCES HISTORIQUES ET NATURELLES
DE SEMUR EN AUSSOIS

GUIDE DU VISITEUR
A ALESIA

ALISE-SAINTE-REINE (CÔTE-D'OR)

NOUVELLE ÉDITION REVUE ET AUGMENTÉE

LE PUY-EN-VELAY
IMPRIMERIE PEYRILLER, ROUCHON ET GAMON
23, BOULEVARD CARNOT, 23

A LA MÉMOIRE

DE

LOUIS MATRUCHOT

ANCIEN VICE-PRÉSIDENT DE LA SOCIÉTÉ DES SCIENCES HISTORIQUES ET NATURELLES DE SEMUR EN AUXOIS ET DE LA COMMISSION DES FOUILLES D'ALESIA

HOMMAGE RECONNAISSANT

DE SES COLLABORATEURS ET AMIS

GUIDE DU VISITEUR

A ALESIA, ALISE-SAINTE-REINE (Côte-d'Or)

ITINÉRAIRE SOMMAIRE

En sortant de la gare Les Laumes-Alesia, prendre à gauche la route parallèle à la voie ferrée allant sur Dijon.

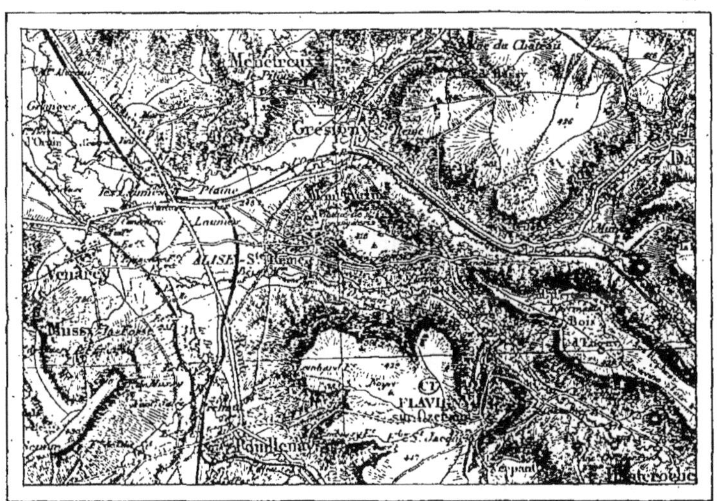

Fig. 1. — Carte de la région du Mont-Aussois (d'après la carte d'état-major au 80/000).

A une centaine de mètres de la gare, avant le passage à niveau de l'embranchement d'Avallon, on remarque sur le bord de la route, une borne indiquant l'emplacement de la ligne de circonvallation; au-delà du passage à niveau, du même côté de la route une borne indiquant le passage de la contrevallation. Avant la construction des bâtiments de la compagnie P.-L.-M., qui s'élèvent maintenant dans cette partie de la plaine des Laumes, il y avait en ce point une tranchée, creusée et entretenue par les soins de la Commission des fouilles d'Alesia, qui, prenant en travers la contrevallation, montrait sans aucun doute possible la coupe du *double fossé* creusé par les légionnaires de César.

Au-delà du passage à niveau, prendre la route jusqu'au chemin qui conduit directement à Alise-Sainte-Reine en suivant le tracé de l'ancienne voie romaine de Sens à Autun par Alesia.

Arrivés au pied du mont Auxois (ou mieux Mont Aussois, *mons Alisiensis*), les touristes en voiture ou en automobile doivent prendre le second chemin à gauche, qui, par un lacet, arrive au village et aboutit directement au MUSÉE ALESIA.

Les piétons peuvent éviter le lacet en continuant tout droit et en montant une rue à pente raide qui, passant devant le *Musée municipal* et l'*Hôpital* (à gauche) et, plus haut, devant la *fontaine miraculeuse* et la *chapelle de Sainte-Reine* (à droite), aboutit également au MUSÉE ALESIA.

VISITE DU MUSÉE ALESIA, appartenant à la SOCIÉTÉ DES SCIENCES DE SEMUR (1) (entrée 0 fr. 75 par personne; s'adresser au gardien) : RICHE COLLECTION ARCHÉOLOGIQUE, où sont rassemblés tous les objets originaux exhumés du sol de l'antique Alesia par les soins de la Commission des Fouilles d'Alesia : *débris d'architecture, sculptures*; *inscriptions gauloises et gallo-romaines*; *poteries, monnaies*; *objets de bronze, fer, os, bois, terre cuite, verre*; *moules et creusets des bronziers d'Alesia*, etc., etc. Pour

(1) Le Musée Alesia est formé d'un groupe d'anciens immeubles (hôtel du Croissant, XVIIe s.; maison du XVe s.; sur la cour façade du XIIe s.) dont la restauration et l'aménagement en Musée sont dus à M. l'architecte Chaussemiche et à la Commission des Fouilles d'Alesia.

le détail de la visite du MUSÉE ALESIA, voir plus loin la notice spéciale.

Après la visite du MUSÉE ALESIA, pour gagner les champs de fouilles on suivra la rue principale du village. On aperçoit un instant, sur la hauteur, à gauche, en haut d'un escalier, la *statue de Vercingétorix* (à laquelle on accèdera tout à l'heure par un chemin plus facile). Plus loin la rue monte à nouveau et l'on arrive à la statue de *Jeanne d'Arc* (1); on tourne à droite, on passe au pied d'une *croix gothique* (XVIe siècle, monum. historique) et quelques pas plus loin, à gauche, on prend le chemin qui mène aux fouilles. Ce chemin longe le cimetière actuel (à droite), situé sur l'emplacement d'un cimetière mérovingien, et l'on arrive bientôt sur le plateau. Laissant à gauche une croix moderne, on atteint, à 100 mètres plus loin, l'entrée du principal champ de fouilles (lieux dits *Le cimetière Saint-Père et La Comme*).

VISITE DE CE PREMIER CHAMP DE FOUILLES (ticket 0 fr. 50 par personne, valable pour toutes les autres fouilles de la Société des Sciences) : *théâtre, temple, monument à trois absides, monument à crypte, puits gaulois et gallo-romains*, quartiers gaulois, sarcophages, etc. Pour la visite détaillée de ce champ de fouilles, voir plus loin la notice spéciale.

Après la visite, on se retrouve ramené à l'entrée du champ de fouilles et on reprend le chemin du Mont-Aussois que l'on continue de suivre vers l'Est.

Environ 150 mètres plus loin, on apercevra à droite, à 50 m. du chemin, le DEUXIÈME CHAMP DE FOUILLES de la Société des Sciences (lieu dit *En Surelot*).

VISITE DES FOUILLES « EN SURELOT » : *nombreuses substructions, caves gauloises et gallo-romaines, sanctuaire gallo-romain avec*

(1) Erigée en 1901. La Jeanne d'Arc est de Mathurin Moreau ; le cheval est de Le Nordez.

table dolménique, etc. Pour la visite détaillée, voir plus loin la notice spéciale.

Après cette visite, reprendre le chemin du Mont-Aussois en sens inverse, passer devant l'entrée du premier champ de fouilles, revenir jusqu'au cimetière, en face duquel se trouve, dans les champs sur la droite, le troisième champ de fouilles de la Société des Sciences, lieu dit *En Curiot.*

Visite des fouilles « En Curiot » : *quartier gaulois*, *foyers gaulois*, *voie gauloise taillée dans le roc*, *nombreuses habitations gauloises creusées dans le roc*, etc. Pour la visite détaillée, voir plus loin la notice spéciale.

Ici se termine la visite des fouilles effectuées jusqu'en juillet 1914 par la Société des Sciences de Semur.

Outre les fouilles de cette Société des fouilles particulières ont été entreprises à l'extrémité orientale du plateau au lieu dit *La Croix Saint-Charles*, par M. le commandant Espérandieu et M. le Dr Epery : *temple de Moritasgus*, *murs gaulois*, etc. Pour le détail, voir plus loin la notice spéciale.

Avant de quitter le plateau, on se rendra à la *statue de Vercingétorix* (1) qui s'élève à l'extrémité occidentale du Mont Aussois. Pour le détail, voir plus loin.

Redescendre au village par un escalier qui est au sud de la statue et qui vient aboutir à la rue principale du village, en face même du magasin de Madame Marlet, dépositaire des moulages, brochures, rapports, cartes-postales « Pro Alesia », vendus au profit de l'œuvre d'Alesia.

Sortant du magasin Marlet, on regagnera le *Musée Alesia*; puis, prenant la rue qui descend, on passera d'abord devant la *fontaine miraculeuse* de Sainte-Reine (à gauche, sous une petite voûte dans la cour de la *chapelle de Sainte-Reine*). Pour le détail, voir plus loin.

(1) Erigée en 1865. Le Vercingétorix est l'œuvre d'Aimé Millet; le piédestal est de Viollet-le-Duc.

Plus bas, à droite, se trouve l'*Hôpital*, avec *établissement de bains* (1663) (de la terrasse, belle vue sur la plaine des Laumes) : *chapelle, reliquaire, grille en fer forgé; peintures, boiseries et faïences anciennes*. Pour le détail, voir plus loin.

Plus bas encore et du même côté se trouve le *Musée municipal* (1862) : collection archéologique locale. — Pour le détail, voir plus loin.

Enfin, on sortira du village en suivant la rue descendante jusqu'à la 1re bifurcation : on laissera à droite la route des Laumes par laquelle on est venu, et, continuant à descendre tout droit, on arrivera, à 300 mètres plus loin environ, à une *statue de Sainte-Reine*, dite des *Trois-Ormeaux* ou des *Trois-Croix* (1). Pour le détail, voir plus loin.

Pour revenir aux Laumes, on prendra le chemin à droite, qui rejoint au bas de la pente la voie romaine devenue route d'Alise aux Laumes.

(1) La statue est l'œuvre du sculpteur dijonnais Schanowsky.

I. — NOTICE HISTORIQUE

LE MONT AUSSOIS — ALESIA — ALISE-SAINTE REINE ET ALESIA

A l'ouest de la Côte-d'Or, au nord du Morvan, au sud des plateaux calcaires du Châtillonnais, l'Auxois ou mieux l'Aussois (*pagus Alisiensis*, pays d'Alise) s'étend, constitué par les vallées du haut Armançon et de ses tributaires. Dans la partie septentrionale de ce pays se dresse une éminence qui porte le même nom que la région tout entière, c'est le Mont Aussois (*mons Alisiensis*). « A ses pieds, dit M. Camille Jullian (1), trois rivières sinueuses, la Brenne, l'Oze et l'Ozerain, lui forment, sur les neuf dixièmes de son pourtour, une ceinture d'eaux et de vallons. Au levant, un col étroit est le seul trait d'union par lequel il se relie aux terres voisines. A l'ouest s'étend la grande plaine des Laumes, large de 3.000 mètres, longue de 4.500 mètres. Enfin, au-delà de ces ruisseaux et de cette plaine, l'horizon est formé par un encadrement de montagnes qui s'élèvent à la même hauteur que le Mont Aussois et qui lui font face de toutes parts ».

C'est, au-dessus de la vallée de l'Ozerain, le mont Druaux ou Camp de César; dominant l'Oze et au nord de la gare Les Laumes-Alesia, le mont Réa, théâtre de la défaite des Gaulois.

Sur le penchant sud et sud-ouest du Mont Aussois, le village

(1) *Vercingétorix*, page 259 ; Hachette et Cie.

d'Alise-Sainte-Reine s'est pour ainsi dire blotti à l'abri des vents du nord. Les deux noms d'Aussois et d'Alise sont identiques ; Aussois n'est en effet que la transcription française de l'adjectif latin *Alisiensis*, ethnique dérivé du mot *Alisia* ou *Alesia* et qui est devenu successivement *Alsensis*, *Alsesis*, puis en français Aussois (1). Quant au nom de Sainte-Reine, il évoque le souvenir de la vierge chrétienne martyrisée en ce lieu, dont la mémoire et les reliques sont vénérées à Alise et aux alentours (Flavigny, Grignon) et dont la fête se célèbre encore chaque année au mois de septembre. Les Actes qui racontent le martyre de la sainte localisent le drame à Alesia ou Alisia. Ainsi tous les noms qui servent à désigner aujourd'hui la montagne et le village suspendu à ses flancs, attestent la présence en ce point d'une localité antique dénommée Alisia ou Alesia.

Diodore de Sicile, qui vivait au temps de César et d'Auguste, s'est fait l'écho d'une légende curieuse d'après laquelle Alise aurait été fondée par Hercule. Au retour de son expédition en Espagne contre Géryon, Hercule aurait pénétré en Gaule, remonté vers le nord et fondé une ville qu'il nomma Alesia. Au dire de Diodore, Alesia était, à l'époque où il écrivait, comme la métropole de toute la Gaule. De son origine divine elle avait gardé un grand prestige aux yeux des populations celtiques. Pline l'Ancien nous apprend qu'au premier siècle de l'ère chrétienne, l'industrie métallurgique de l'étamage et de l'argenture du bronze était prospère à Alesia.

César, Strabon, Plutarque et Dion Cassius sont les seuls auteurs qui donnent des indications plus ou moins précises sur

(1) Dans la graphie « Auxois », l'*x* a la valeur de *ss*, comme il était de règle dans l'écriture au moyen âge ; on doit donc régulièrement prononcer Aussois, comme on doit prononcer Ausserre (pour Auxerre), Aussonne (pour Auxonne), Saint-Germain-l'Ausserrois (pour St-Germain-l'Auxerrois), etc. Malheureusement le lecteur a tendance maintenant à donner à l'*x* le son de *cs*, et trop de gens prononcent aujourd'hui « Aucsois ». C'est pour réagir contre cette tendance fâcheuse, qui ne tend à rien moins qu'à rompre le lien existant entre Alise et Auxois, que nous adoptons la graphie « Aussois », conforme à l'étymologie et au parler local.

la situation géographique ou topographique d'Alesia. Les deux derniers ont sans doute puisé leurs renseignements dans les *Commentaires de César*. C'est donc à César, en définitive, qu'il faut surtout recourir pour essayer de déterminer, d'après les textes seuls, dans quelle partie de la Gaule se trouvait Alesia.

César, après avoir subi un échec assez grave sous les murs de Gergovie (au sud de Clermont-Ferrand) s'était dirigé vers le nord dans le dessein de rejoindre son lieutenant Labiénus qui se trouvait aux prises avec les Gaulois de la vallée de la Seine, en particulier avec les *Parisii*, dont la capitale était Lutèce, aujourd'hui Paris. César avait franchi la Loire à gué et atteint le pays des Sénons, dont la capitale était Sens (Agedincum). Là il avait fait sa jonction avec Labiénus. Cependant, enhardi par sa victoire de Gergovie, Vercingétorix réussit à soulever la Gaule entière contre les Romains. En quelques semaines le Centre et l'Est de la Gaule sont en pleine révolte; César est coupé de la province de Narbonaise que les Gaulois se préparent à envahir. Le proconsul tente alors de gagner la Narbonaise par un détour. Du pays des Sénons, il marche vers l'est ou le sud-est, pour gagner, en traversant le pays des Lingons (Langres), la région occupée par les Séquanes, à l'est de la Saône. La route qu'il suit est donc très clairement déterminée. Elle part des environs de Sens et coupe les hautes vallées de l'Aube, de la Seine et de la Marne, pour déboucher dans la vallée de la Saône. C'est au cours de cette marche, alors qu'il n'avait pas encore quitté le pays des Lingons, qu'il fut attaqué par Vercingétorix. M. C. Jullian pense avec raison que la bataille se livra aux alentours de Dijon. En tous cas, il ressort avec évidence du récit de César que les troupes romaines n'avaient encore ni franchi, ni même atteint la Saône. Les Gaulois sont vaincus, toute leur cavalerie est mise en déroute. Immédiatement Vercingétorix se replie sur Alesia, la ville des Maudubiens. César le suit et après deux jours de marche établit son camp sous les murs de la place.

Il reconnut vite l'impossibilité d'enlever d'assaut la forteresse que protégeaient ses rochers à pic, ses murailles et la nombreuse armée gauloise campée sur les flancs de la colline. Il résolut donc de bloquer la ville en l'entourant d'un cercle ininterrompu de retranchements, de la priver de toute communication avec la Gaule, et de la réduire ainsi par la famine. Les

Fig. 2. — La double ligne (circonvallation et contrevallation) établie par César pour l'investissement d'Alesia.
(Projet de restitution Matruchot-Chaussemiche).

légionnaires exécutèrent alors le plus formidable travail de terrassement qui se puisse imaginer. Avant que ce travail fût terminé, Vercingétorix eut le temps d'envoyer dans toute la Gaule des émissaires, qui devaient exciter le patriotisme des divers peuples, appeler aux armes toute la nation celtique, et former une troupe immense chargée de venir débloquer Alesia.

Bientôt, César acheva la ligne d'investissement, tandis que Vercingétorix attendait impatiemment l'armée de secours.

Un jour, enfin, du haut des remparts d'Alesia, les Gaulois voient apparaître, sur la montagne de Mussy-la-Fosse, la masse de l'armée gauloise, qui ne tarda pas à descendre dans la plaine. Il y a là 250.000 hommes. Après un combat de cavalerie où les Gaulois sont poursuivis jusque dans leur camp, les chefs de l'armée de secours tentent un suprême effort vers le seul point vulnérable de la ligne romaine (au mont Réa) ; ayant Vercassivellaunus à leur tête, ils prennent d'abord l'avantage sur l'armée romaine, mais une adroite manœuvre de César, qui envoie la moitié de son armée prendre les Gaulois à revers, réussit pleinement ; les Gaulois surpris, déconcertés, lâchent pied et poursuivis par les légionnaires et la cavalerie romaine sont écrasés. Vercassivellaunus est fait prisonnier, Vercingétorix de l'oppidum voit ce désastre, comprend que tout est perdu ; il abandonne la lutte et se rend à César.

Pour compléter les renseignements relatifs à la situation topographique d'Alesia, il faut revenir en arrière et constater qu'aucun passage de rivière n'est signalé, soit dans la retraite de Vercingétorix, après la bataille de Dijon, soit dans la poursuite de César. Par conséquent le seul examen du texte de César nous amène à cette conclusion qu'Alesia était située dans le voisinage de l'extrémité méridionale du pays des Lingons, et à l'ouest de la Saône.

Empruntons encore à César les détails suivants qui ne sont pas moins caractéristiques : « L'oppidum d'Alesia occupait, dit-il, le sommet d'une colline ; ce sommet était si élevé qu'un blocus parut être le seul moyen de s'en emparer. Deux cours d'eau baignaient sur deux faces le pied de la colline ; devant la ville s'étendait une plaine qui mesurait environ 3,000 mètres de longueur; dans toutes les directions s'élevaient à peu de distance des collines d'une égale hauteur ».

Or, la situation géographique du Mont Aussois, sa topographie, celle de ses environs immédiats, réalisent exactement les conditions essentielles posées par les textes précités. La survivance des mots Alisiensis et Alisia dans les termes modernes Aussois et Alise, aurait dû, semble-t-il, ne laisser place à aucun doute, à aucune hésitation. De fait l'identité d'Alesia et d'Alise-Sainte-Reine fut acceptée sans discussion pendant le moyen âge, lors de la Renaissance, et jusqu'au xixe siècle.

Ce fut alors seulement qu'Alise connut des rivales : Alais (Gard) — Novalaise, en Savoie — Aluze, entre Autun et Châlons-sur-Saône — Izernore, dans l'Ain — surtout Alaise, dans le Doubs.

L'identification d'Alesia avec Alaise trouva d'ardents défenseurs et partagea, de 1855 à 1860, le monde savant en deux camps. Or, à cette époque, l'empereur Napoléon III écrivait une *Histoire de Jules César.* Dans la biographie du grand capitaine romain, la prise d'Alesia tient une place importante, sinon capitale ; si Vercingétorix avait alors triomphé de César, l'avenir de Rome et le sort du monde eussent peut-être été changés. Napoléon III ne pouvait donc pas se désintéresser de la solution du problème alors discuté. D'autre part une découverte fortuite éveilla encore la curiosité des archéologues et des historiens. « En 1860, écrit M. Pernet dans ses *Notes sur Alise et ses environs* (Pro Alesia, 1907), M. de Gasq, propriétaire de la ferme de l'Épineuse, au territoire d'Alise, faisait drainer toute sa propriété. Des terrassiers purgeant la Fausse rivière, appelée aussi Vieux Canal, mirent à découvert une longue épée, dix-huit lances, trois haches, une flèche, un couteau à douille, trois sabots (de lances), trente-huit anneaux, une épée. Il est utile de remarquer que plusieurs lances avaient été enfouies munies de leur hampe, car les sabots étaient dans le prolongement à une certaine distance du métal de la lance. Cette découverte eut un grand retentissement. Les partisans de l'identification de l'Alesia de César avec Alise-Sainte-Reine y virent une preuve à l'appui de leur opinion ».

La ferme de l'Épineuse, où fut faite cette trouvaille, est située dans la plaine Les Laumes, à l'est du bourg de Venarey, au sud de la station des Laumes-Alesia (P.-L.-M.). Napoléon III se décida à faire faire des recherches autour du Mont Aussois. Le 20 avril 1861, la Commission de la Carte des Gaules, qui comprenait alors des savants comme MM. de Saulcy, Alexandre Bertrand et le général Creuly, arriva à Alise pour examiner les lieux et opérer quelques sondages préliminaires. Bientôt la présence indéniable d'une double ligne de fossés, l'une de section quadrangulaire, l'autre triangulaire, fut constatée en divers points de la plaine des Laumes. Ces découvertes eurent pour conséquence la visite que Napoléon III fit à Alise le 19 juin 1861. Désormais l'œuvre était en bonne voie, elle fut poursuivie avec ardeur. En 1862, la direction en fut confiée au capitaine Stoffel; il se fit assister par M. V. Pernet, le dévoué directeur des fouilles actuelles.

Ces premières fouilles durèrent jusqu'en 1865. Elles aboutirent à des découvertes du plus haut intérêt. On retrouva, encore visibles dans le sol, les traces de la double ligne de retranchements créée par César autour du Mont Aussois pour contenir à la fois les sorties des assiégés et l'assaut redouté de l'armée de secours attendue par Vercingétorix. Les fossés de contrevallation et de circonvallation ont été reconnus en maints endroits de la plaine des Laumes et des pentes qui entourent le Mont Aussois au sud, par delà le val de l'Ozerain, au nord, par delà celui de l'Oze. Le long de ces fossés, l'emplacement des postes et des camps établis par César a pu être fixé.

De toutes les trouvailles faites alors entre 1861 et 1865, la plus célèbre fut à coup sûr celle du fameux vase ou canthare d'argent, dont l'original se trouve au Musée des antiquités nationales de Saint-Germain-en-Laye. Mais la plus intéressante, historiquement, fut celle du camp romain installé sur la pente du mont Réa. Ce fut là que se livra le choc décisif entre Rome et la Gaule (1). La vieille terre gauloise en a donné le témoignage. La grande quantité d'ossements humains trouvés pêle-mêle avec des carcasses de chevaux prouve qu'il y a eu là une lutte acharnée. On retira de cet endroit environ 450 monnaies romaines ou gauloises, 160 lances, 227 javalots, 1 pilum, 11 épées, 3 casques, 2 cuirasses, 2 boucliers, des poignards, des éperons, des anneaux, des fibules, etc., etc.

La démonstration était faite. Il y avait une telle concor-

(1) C. Jullian, *Vercingétorix*, p. 297. Hachette et Cie.

dance entre la description donnée par César des formidables retranchements créés par lui autour d'Alesia et les traces relevées tout autour du Mont Aussois, que la question d'identification d'Alesia ne pouvait plus être discutée.

Mais l'effort scientifique, poursuivi avec tant de succès pendant cinq ans, avait été strictement limité à la recherche des travaux de César. M. V. Pernet donne à ce sujet des indications bien caractéristiques dans ses *Notes sur Alise et ses environs*. Il restait donc à retrouver et à fouiller la ville même d'Alesia. De la description de César et du récit des événements qui se déroulèrent en l'an 52, il résultait sans contestation possible que la cité se trouvait sur le plateau même du Mont Aussois. C'était d'ailleurs en divers points de ce plateau qu'avaient été faites dès le XVIIIe et surtout pendant le XIXe siècle, des découvertes assez significatives, dues les unes au hasard, les autres à des fouilles relativement méthodiques.

Les fouilles les plus scientifiques furent celles qu'à plusieurs reprises, pendant la première moitié du XIXe siècle, dirigea Maillard de Chambure (1812, 1821, 1822, 1836, 1839). Ces tentatives aboutirent à d'heureuses trouvailles soit archéologiques, soit épigraphiques. Elles eurent surtout pour l'avenir le grand avantage de délimiter avec assez de netteté les points du plateau les plus riches en vestiges antiques. « Les découvertes les plus intéressantes, écrit M. H. de Villefosse, eurent lieu au point qui porte sur le cadastre le nom de *Cimetière Saint-Père*. C'est là que sortit de terre une inscription votive en langue celtique, d'une importance exceptionnelle, offrant le nom de Martialis fils de Dannotalus et dont la dernière ligne renferme les deux mots : IN ALISIIA (1). Au lieu dit *la Fanderolle*, on trouva un *columbarium* avec huit petites niches cintrées; au lieu dit *la Croix-Saint-Charles*, on constata l'existence d'un petit temple rectangulaire, dont l'entrée était ornée de quatre pilastres cannelés (2) ».

(1) Au Musée municipal.

(2) *Mémoires de la Société des Antiquaires*, 7e série, t. V (1904-1905), p. 221.

Après 1839, aucune recherche méthodique ne fut entreprise sur le Mont Aussois; les trouvailles qui y furent faites sont dues au hasard des circonstances.

Après les fouilles de 1861-1865, M. V. Pernet qui avait secondé le capitaine Stoffel avec le plus grand dévouement ne cessa pas de s'intéresser aux antiquités de son pays natal. Sui-

Fig. 3. — Inscription en langue celtique : *Martialis Dannotali ieuru sosin celicnon etic gobedbi dugiiontiio Ucuetin in Alisiia*. La traduction en est encore incertaine. Le sens général paraît être : Martialis, fils de Dannotalus, a construit ce haut bâtiment pour le dieu Ucuetis et pour les bronziers (?) dans Alesia.

vant le juste hommage qui lui a été rendu par M. L. Matruchot, « il est, de tous les hommes du pays d'Alise, celui qui connaît le mieux le Mont Aussois, celui qui l'a le mieux regardé, parcouru, étudié jusqu'en ses moindres recoins ». Parmi ses observations, il convient de noter celle qu'il fit vers 1898 au lieu dit La Fontaine de la Porte à l'Est du plateau, non loin de la Croix-Saint-Charles. Il y découvrit « la seule source qui jaillisse sur le plateau ». C'est évidemment à proximité de cette fontaine que les premiers habitants se sont groupés... « Des fouilles pratiquées sur ce point seraient très intéressantes (1) ». L'importance de ces observations, faites par M. Pernet à l'extrémité orientale du Mont Aussois, n'échappa pas aux savants qui se rendirent à Alise le 18 septembre 1905. « M. Pernet, écrit le commandant Espérandieu, avait fait mettre à découvert le point de captage des eaux de l'extrémité orientale du Mont Aussois (2) ».

Ainsi, sur le Mont Aussois, deux points se trouvaient désignés à l'attention des archéologues et des savants par les trouvailles et les observations faites pendant le XIXe siècle : 1° le centre du plateau, lieux dits : *La Comme*, *le Cimetière Saint-Père*, *la Fanderolle*; 2° l'extrémité orientale, lieux dits : *Le Champ Maréchal* et la *Croix Saint-Charles*.

La tâche était donc préparée pour des fouilles méthodiques. « L'idée première de ces fouilles, lit-on dans le rapport de M. le commandant Espérandieu sur les *Fouilles d'Alesia de 1906*, appartient à Flour de Saint-Genis, qui fut élu par deux fois président de la Société des Sciences historiques et naturelles de Semur » (3). A la vérité, c'est à M. Cazet, instituteur à Beurizot, membre de la Société des Sciences de Semur, que revient la toute première idée de reprendre les fouilles sur le Mont-Aussois; M. de Saint-Genis fit aussitôt sienne cette proposition et, dans la séance du 11 août 1904, mit la question d'Alesia à l'ordre du jour permanent de la Société. Flour de Saint-Genis mourut en novembre 1904 ; il eut comme successeur à la présidence de la Société M. le docteur Adrien Simon. Celui-ci s'attacha à réaliser le projet de son prédécesseur. A son instigation, la Société de Semur se mit à l'œuvre « avec une foi, avec une vaillance qui méritent d'entraîner le succès », écrivait M. de Villefosse à la fin de 1905 (4). Pour assurer ce succès, elle comprit de suite qu'il fallait grouper autour de l'œuvre projetée les efforts communs de tous ceux — archéologues, his-

(1) *Pro Alesia*, 1906-1907, p. 48-49.

(2) *Fouilles d'Alesia*, 1906, p. 42.

(3) *Id.*, p. 39.

(4) *Mémoires de la Société des Antiquaires*, 7e série, t. V, p. 209.

toriens ou amateurs — qui s'intéressent à nos antiquités nationales. Dans ce but elle organisa une réunion solennelle à Alise même, le 18 septembre 1905. Cette journée reste une date capitale dans l'histoire des fouilles d'Alesia. Le matin, les congressistes parcoururent le plateau; dans l'après-midi M. Salomon Reinach prononça un discours éloquent dont voici une partie de la péroraison : « Il n'y a au monde qu'un seul plateau d'Alesia, comme il n'y a qu'un Forum romain, une île de Délos; les enseignements que ces lieux privilégiés peuvent fournir à l'archéologie et à l'histoire doivent être recueillis sans qu'il s'en perde un seul. »

Au lendemain de cette réunion, une Commission des fouilles fut instituée. Du 16 octobre au 16 décembre 1905 des sondages, préparatoires des fouilles à venir, furent opérés au centre même du plateau, dans les lieux dits *En Surelot, le Cimetière Saint-Père* et *La Comme*. Ces sondages, dirigés par M. V. Pernet, amenèrent la découverte de nombreux murs, de deux puits, de multiples débris en pierre, en métal, en terre cuite, et de nombreuses monnaies romaines et gauloises. C'était une entrée en matière.

La première campagne de fouilles débuta le 7 mai 1906; depuis lors jusqu'en 1914 les fouilles furent pratiquées chaque année pendant la bonne saison; elles ont été des plus fécondes pour l'histoire de nos origines nationales, ainsi que pour l'histoire des civilisations gauloise et gallo-romaine.

II. — LES CHAMPS DE FOUILLES

1° Le Cimetière Saint-Père; monuments publics et maisons particulières de l'époque gallo-romaine; traces d'habitations gauloises; sarcophages du haut moyen âge.
2° Le quartier dit En Surelot; édifices gallo-romains.
3° Le quartier dit En Curiot; huttes gauloises.
4° La Croix Saint-Charles; le temple d'Apollo Moritasgus; vestiges de murs gaulois.

Les fouilles exécutées de 1905 à 1914 sur l'emplacement de l'antique Alesia ont été entreprises sur l'initiative de la Société des Sciences de Semur. Elles ont été dirigées par M. Victor Pernet (1), assisté d'une commission des fouilles. La Commission des fouilles d'Alesia était ainsi composée :

MM. le Dr Adrien Simon, président de la Société des Sciences de Semur; G. Testart, ingénieur des Ponts et Chaussées, et L. Matruchot, professeur à la Sorbonne, vice-présidents de la Société ; V. Pernet, ancien maire d'Alise; Fornerot père, sous-ingénieur des Ponts et Chaussées, maire de Marigny-le-Cahouët; Fornerot fils, conducteur des Ponts et Chaussées à Montbard; B. Chaussemiche, ancien pensionnaire de la Villa Médicis (prix de Rome), architecte du Palais de Versailles et des Trianons; J. Toutain, directeur d'études à l'École des Hautes-Études, membre du Comité des travaux historiques.

Les fouilles de la Société des Sciences de Semur ont été honorées du concours de l'Etat et du département de la Côte-

(1) En 1906 et 1907, les fouilles de la Société des Sciences furent dirigées par M. le commandant Espérandieu; mais, même pendant ce temps, M. Pernet, qui avait conduit les recherches de 1905, conserva la direction des travaux; dès le début de la campagne de 1908, ce fut M. Pernet qui assuma la totalité de la direction des fouilles, qu'il a conservée depuis lors.

d'Or; elles ont été subventionnées par l'Etat, par quelques sociétés savantes et par de généreux particuliers. Tous les objets trouvés dans ces fouilles sont, *sans exception*, déposés au Musée Alesia, à Alise-Sainte-Reine.

De 1909 à 1912 M. le commandant Espérandieu, correspondant de l'Institut, et M. le Dr Epery, ancien maire d'Alise, entreprirent, personnellement, des fouilles à la Croix Saint-Charles. Ces fouilles reçurent des subventions de l'Etat et de quelques Sociétés savantes.

I. — Le Cimetière Saint-Père.

Le plus considérable des chantiers de fouilles de la Société des Sciences de Semur se trouve au lieu dit *Le Cimetière Saint-Père*, à 400 mètres environ du point où le chemin du Mont Aussois se détache de la principale rue du village d'Alise Sainte-Reine. Quelques mètres avant d'arriver à l'entrée de ce chantier, à gauche du chemin, on voit, près d'une maisonnette en bois, un puits gallo-romain de section rectangulaire, dont la maçonnerie s'est conservée intacte presque jusqu'au niveau du sol moderne. Les assises de pierres étaient soutenues jadis, de 70 en 70 centimètres, par des cadres de bois dont la place est encore visible. Depuis que ce puits a été déblayé en 1910, l'eau y est revenue.

Un peu plus loin se trouve l'entrée du principal champ de fouilles. Un sentier se détache à gauche du chemin. On se trouve, en ce point du plateau, dans un quartier de l'antique Alesia, caractérisé par la présence de plusieurs foyers gaulois creusés dans l'argile jaunâtre et surtout par de nombreux puits très curieux.

1° LE QUARTIER DES PUITS

Déjà au cours des fouilles exécutées sur le Mont Aussois pendant le XIXe siècle, on avait découvert plusieurs puits, dont on avait retiré nombre d'objets et de débris antiques. D'autres puits ont été fouillés avec succès par la Société des Sciences de Semur de 1906 à 1914 ; nous les signalerons en leurs lieu et place.

La campagne de 1909 fut une des plus fructueuses à cet égard, puisque d'avril à novembre de cette année-là on a découvert 14 puits qui ont été fouillés à fond. Ce qui en fait l'intérêt spécial, c'est qu'ils sont tous situés dans un seul et même quartier, composé surtout de constructions modestes, qui s'étendait au sud du théâtre. C'est le quartier par lequel on entre dans le champ de fouilles.

En général, ces puits ont été bouchés vers le IIe ou le IIIe siècle de l'ère chrétienne. Il est certain, pour quelques-uns d'entre eux, qu'ils ont été creusés afin de trouver de l'eau sur place, les sources se trouvant presque toutes en contre bas du Mont Aussois.

Les trouvailles faites dans ces puits sont nombreuses et variées : colonnes, chapiteaux, débris de statuettes, poids en pierre, creusets en terre réfractaire, chaudrons en bronze doré, vases en métal étamé, haches, polissoirs, etc,, etc.,

Tous ces objets, recueillis parfois à 8 ou 10 mètres de profondeur, se trouvent au Musée Alesia.

Au nord du quartier des puits, avant d'arriver au théâtre, on traverse une rue ou voie romaine, dont la direction générale était est-ouest, et dont le pavé a été déblayé en divers points sur une longueur de plusieurs mètres. Le pavé supérieur, le plus récent, repose sur deux autres pavés plus anciens qui sont parfaitement visibles, et il est probable qu'à l'origine le plus ancien pavé était formé, comme au quartier gaulois du lieu dit *En Curiot,* par le roc même du Mont Aussois grossièrement aplani.

Un peu au-delà de cette voie on se trouve près du théâtre.

2° LE CENTRE DE LA VILLE GALLO-ROMAINE, LES MONUMENTS PUBLICS

Dès la première campagne de fouilles, en 1906, la Société de Semur fit reparaître au jour le centre même de l'Alesia gallo-romaine. Les murs et les fondations de plusieurs grands édifices furent retrouvés.

Le théâtre. — C'est d'abord le théâtre, dont Maillard de Chambure avait, en 1839, soupçonné l'existence et dont M. Héron de Villefosse, avec sa perspicacité coutumière, avait, lors de la réunion du 12 septembre 1905, indiqué sur le terrain l'emplacement probable. Ce théâtre, dont l'hémicycle mesure 81 m. 75 de diamètre, est tourné vers l'ouest; les gradins, sans doute aujourd'hui disparus, s'adossaient à une légère ondulation de terrain. L'emplacement de la scène et les soubassements du grand mur de façade sont très visibles sur le terrain et attestent la solidité grandiose de l'édifice.

On remarquera, en contournant extérieurement l'hémicycle du théâtre, la présence de nombreux contreforts destinés à contrebuter le mur demi-circulaire sur lequel s'appuyaient indirectement les gradins. La Société de Semur a pris des précautions ingénieuses contre les dégradations dont sont menacés chaque hiver les murs du théâtre. Elle a, de plus, fait classer ce théâtre comme monument historique.

Le temple, son péribole et son portique. — A l'est du théâtre, on rencontre immédiatement un sanctuaire, composé d'un temple rectangulaire, situé au milieu d'une place de forme presque carrée entourée probablement d'un portique. Du temple lui-même subsistent toutes les assises inférieures, avec les grosses pierres d'angles qui sont encore en place et sur lesquelles on reconnaît nettement les cavités où se logeaient les crampons en bronze destinés à maintenir la cohésion entre les pierres voisines. En avant du temple les restes d'un puissant massif de maçonnerie représentent l'autel antique, qui se trouvait toujours hors du temple lui-même, au pied de l'escalier par lequel on y accédait. Les substructions du portique, qui entourait la place du temple, sont très visibles; on en reconnaît sans difficulté la direction sur le terrain.

Monument à trois absides ou basilique. — En continuant tou-

Fig. 4. — Un contrefort du théâtre gallo-romain.

Fig. 5. — L'abside occidentale du monument à trois absides.

jours vers l'est la visite des fouilles, on se trouve dans un vaste édifice de forme rectangulaire, allongé du nord au sud, terminé à ses deux extrémités par deux absides demi-circulaires, et flanqué, au milieu de sa façade occidentale, d'une troisième abside. Les pavements très divers, que les fouilles ont fait apparaître dans cette troisième abside, prouvent qu'il y a été fait beaucoup de remaniements à une époque sans doute assez basse. Vers l'est, ce vaste édifice s'ouvrait, par une façade monumentale percée de sept baies et décorée de marbres blancs et gris, sur une cour ornée probablement de portiques ; c'est au milieu de cette cour dont les murs extérieurs se voient parfaitement au niveau du sol qu'a été découvert l'un des plus beaux chapiteaux qui soient sortis jusqu'à présent des ruines d'Alesia.

Cet édifice, dénommé le *Monument aux absides*, était sans doute la basilique (au sens païen et laïque du mot), c'est-à-dire le monument qui servait aux habitants d'Alesia, sous l'empire romain, à la fois de palais de justice, de promenade couverte, de salle de conférences, etc. Par ses dimensions, par la puissance de ses fondations, c'était l'un des plus importants monuments publics de l'Alesia gallo-romaine.

Les monuments à double et à simple colonnade. — Au nord du *Monument à trois absides*, les fouilles de 1907 et 1908 avaient mis au jour un vaste monument quadrangulaire (il couvre une superficie de plus d'un millier de mètres carrés), dont la façade sud, donnant sur une voie romaine qui va passer au nord du théâtre, présente deux rangées de bases de colonnes, parallèles et assez rapprochées.

A l'ouest de ce monument à double colonnade (dans lequel il n'est pas téméraire de voir des *Thermes*) se trouve un autre monument à simple colonnade, dont la façade n'est pas exactement à l'alignement de la façade de l'édifice précédent. Huit bases de colonnes furent mises à jour ; malheureusement, par suite de la déclivité du terrain, on perdit bientôt vers l'ouest la trace de cette nouvelle colonnade.

Ces deux monuments ne sont plus visibles. Le mauvais état de leurs murs et la nécessité de rendre à la culture le terrain qu'ils occupaient ont forcé la Société des Sciences de Semur à remblayer cette partie du champ de fouilles.

Cave à la Mater. — A dix mètres à l'est de l'édifice à double colonnade une cave en bon état de conservation fut déblayée. La construction date de la belle époque romaine, mais des remaniements ultérieurs y ont été apportés. Le mur sud présente un spécimen intéressant de parement gallo-romain du 1er siècle de l'ère chrétienne.

Sur le mur ouest se trouvait une niche au pied de laquelle fut trouvée (1908) la statuette de la Déesse-Mère (Mater), dont il sera parlé plus loin (page 41 et fig. 11 et 12).

Monument à crypte. — Plus à l'est encore, séparé de la cave à la Mater par une petite voie traversière, se trouve le *Monument à crypte*, le plus bel édifice que les fouilles d'Alesia aient fourni jusqu'à ce jour.

Ce monument se compose de deux parties séparées par un couloir. La partie de gauche ou orientale comprend une pièce de forme allongée, dont les murs et la porte sont encore debout. La partie de droite ou occidentale comprend une vaste salle souterraine, en partie creusée dans le roc. On accède à cette crypte par un escalier et un couloir souterrain, qui s'ouvre sur la crypte par une large porte en plein cintre d'un diamètre de 1 m. 60 et d'une hauteur sous clef de 2 m. 70. La crypte portait sur plusieurs mètres carrés de sa paroi supérieure des restes de peinture murale dont plusieurs fragments ont pu être conservés au Musée Alesia.

Tous les matériaux trouvés dans la crypte étaient calcinés ; les piliers eux-mêmes ont souffert de l'incendie.

C'est dans la crypte qu'a été découvert, en parfait état de conservation, un vase de bronze portant une inscription qui fait connaître les noms de deux divinités adorées à Alesia, Ucuetis et Bergusia. Ce vase de bronze se trouve au Musée Alesia.

En avant de la crypte, de l'escalier par lequel on y descendait et de la salle, encore bien conservée, qui s'allonge à l'est, s'étendait un vaste atrium, orné au sud, à l'est et à l'ouest de portiques soutenus non point, comme c'est le cas le plus fré-

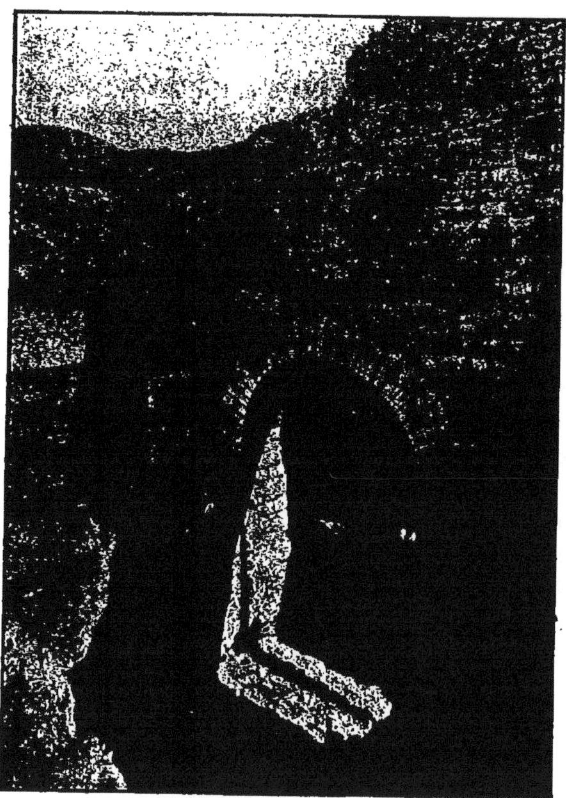

Fig. 6. — La porte de la salle souterraine du Monument à crypte.

quent, par des colonnes rondes, mais par des piliers carrés. La plupart des bases de ces piliers sont encore en place. Ces piliers se terminaient à leur partie supérieure par des chapiteaux d'une forme originale ; plusieurs ont été remontés sur place ; les autres se trouvent au Musée Alesia. Cet atrium donnait au

Fig. 7. — Vue générale de l'atrium du Monumedt à crypte.

nord sur une voie dont le pavé a été reconnu à la lisière même du chantier de fouilles.

Il convient de remarquer, dans l'intérieur de l'atrium, trois puits dont deux sont très profonds, trois caves gallo-romaines de construction très soignée et quelques excavations plus anciennes qui remontent sans aucun doute à l'époque gauloise.

Hypocauste et maison avec cheminée en place. — Si du monument à crypte et de l'atrium, on se dirige vers le sud-est, on rencontre à peu de distance un hypocauste, système de chauffage central des maisons romaines. Dans les mêmes parages fut trouvée une cheminée, qui a été transportée au Musée.

Le Forum. — Si de l'extrémité nord-est du chantier de fouilles, occupée par le Monument à crypte et par les constructions dans lesquelles ont été découverts l'hypocauste et la cheminée précitée, nous retournons vers le sud-ouest dans la direction de la basilique, du temple et du théâtre, nous traversons le forum ou place publique de l'antique Alesia. Là, en effet, se trouve un large espace où n'a été découvert aucun vestige de construction. Au contraire, un pavement, ou plus exactement plusieurs pavements uniformes superposés s'étendent sans interruption, semble-t-il, sur un vaste espace. Limité, à l'ouest, par la cour ornée de portiques sur laquelle s'ouvrait la façade de la basilique, le forum paraît avoir été borné au nord et au sud par une rangée de colonnes et de piliers dont les bases ont été retrouvées en place, vers l'extrémité occidentale. D'après ce que l'on sait actuellement, ce forum avait une forme allongée de l'est à l'ouest. L'emplacement en est actuellement rendu à la culture.

3° LES QUARTIERS SITUÉS ENTRE LE FORUM ET LE CHEMIN DU MONT AUSSOIS.

Le quartier situé au sud du Forum. — Tandis qu'au nord et à l'ouest du forum s'élevaient des édifices publics, tels que le

Monument à crypte, le Monument à double colonnade, le Monument aux absides ou basilique, et plus loin le temple et le théâtre, au sud s'étendait un quartier plus modeste. Les fouilles pratiquées soit à l'extrémité méridionale du chantier, soit à quelque distance au sud au milieu d'un champ voisin, n'ont amené la découverte que de maisons particulières. Mais d'intéressantes trouvailles y ont été faites. En premier lieu sous les fondations gallo-romaines on a reconnu en plusieurs endroits les traces très visibles aujourd'hui d'habitations gauloises. En second lieu l'une des caves mises au jour dans ce quartier a mérité d'être appelée la Cave aux trois époques, parce qu'on y a reconnu sans aucun doute possible trois périodes distinctes, dans la construction de ses murs. Enfin c'est dans les ruines d'une maison gallo-romaine de ce quartier qu'ont été trouvés un buste en bronze de Silène servant de peson de balance et, au fond d'un puits de 27 mètres de profondeur, un seau en bois cerclé de fer et une flûte de Pan en bois, qui sont parmi les objets les plus précieux du Musée Alesia.

Le quartier des Sarcophages. — Revenu près du théâtre, il ne faut pas traverser de nouveau le quartier des puits par lequel a commencé la visite de cet important chantier de fouilles ; il faut tourner à gauche, vers le sud pour visiter le quartier des sarcophages. Ce quartier a été ainsi nommé, parce qu'on y a trouvé en 1909 et 1910 un grand nombre de sarcophages en pierre qui paraissent dater du haut moyen âge. La plupart de ces sarcophages ont été transportés avec tout le soin possible, au Musée Alesia. Les fouilles de 1913 ont été entreprises en partie dans ce quartier. Elles y ont eu pour résultat la découverte d'un édifice qui date de l'époque mérovingienne; cet édifice, entouré extérieurement et occupé intérieurement par des sarcophages en pierres et des sépultures, ne peut être qu'une église chrétienne qui fut très vénérée. Il est fort probable que cet édifice est la basilique primitive de Sainte-Reine dont il est question dans des textes du VIIIe siècle. Quelques-uns des sarcophages sont ornés de croix grecques. L'un d'entre eux, dont le couvercle est percé d'un trou circulaire, est peut-être celui qui contenait les reliques de la sainte avant qu'elles ne fussent transportées à Flavigny.

Au-delà des sarcophages, on rejoint, en tournant à droite, l'entrée du champ de fouilles et en sortant de celui-ci l'on se retrouve sur le chemin du Mont Aussois.

II. — Le quartier dit « En Surelot ».

En sortant du champ de fouilles du cimetière Saint-Père, on tournera à gauche. A un peu plus de 150 mètres à l'est de l'entrée du grand champ de fouilles, à droite du chemin du Mont Aussois, vers le sud-est, au lieu dit « En Surelot », on apercevra le chantier de fouilles ouvert en 1912 et qui comprend environ un demi-hectare. Le quartier de l'ancienne Alesia qui occupait cette partie du plateau se composait de constructions importantes. De très nombreux murs ont été retrouvés, suivant principalement deux directions perpendiculaires, les uns orientés nord-sud, les autres est-ouest. Au-dessous de ces constructions d'époque gallo-romaine, reconnaissables à leur petit appareil disposé par assises régulières, le sol primitif du Mont Aussois avait été creusé profondément à l'époque gauloise ; on a en effet retrouvé, tantôt sous les murs, tantôt sous les pavements des habitations gallo-romaines, de vastes excavations ménagées dans le roc et profondes parfois de plusieurs mètres. En ce point comme autour du Forum, la superposition de l'Alesia romaine à l'Alesia gauloise apparaît donc nettement.

Parmi les constructions découvertes en 1912, deux surtout doivent attirer l'attention des visiteurs.

A l'extrémité est du chantier de fouilles, se trouve une vaste habitation, dont plusieurs parties ont été entièrement déblayées. Signalons tout spécialement un hypocauste, dont tous les éléments étaient conservés et qui est l'un des plus complets trouvés à Alesia, ainsi qu'un puits profond de 27 mètres, dont

25 creusés dans l'argile ou la roche vive, et large en moyenne de 0 m. 80 à 1 mètre ; dans l'angle sud-est de l'habitation, se trouvait une cave de construction soignée, dont l'escalier et les soupiraux étaient en excellent état. Dans les diverses pièces de cette construction, on a recueilli beaucoup d'objets et de débris très intéressants : fragments de peintures murales décoratives, bijoux (entre autres une bague d'enfant en or massif avec pierre gravée), débris de poteries portant des inscriptions, nombreux outils et ustensiles de toutes sortes.

A 50 mètres environ au sud-ouest de cette habitation, les fouilles de 1912 ont amené la découverte d'un monument, dont l'importance, au jugement des archéologues les plus compétents, tels que M. C. Jullian, est capitale pour l'histoire de la Gaule et de nos antiquités nationales. Au fond d'une salle longue de plus de 17 mètres et large de 5 mètres environ, enchâssé, pour ainsi dire, dans une sorte de chapelle de construction gallo-romaine, on voit un véritable dolmen, constitué par une dalle de pierre brute, de 2 mètres de diamètre, que supportent trois pierres également brutes placées de champ. Contiguë à cette construction, une autre pièce d'époque gallo-romaine renferme aussi les débris d'un second dolmen, qui était composé, comme le premier, d'une vaste dalle demi-circulaire reposant sur trois pierres presque brutes placées debout et de champ. Cette découverte a une double conséquence : en premier lieu, elle met en lumière avec une évidence incontestable la continuité qui relie les diverses époques de notre plus ancienne histoire, depuis la période des monuments mégalithiques jusqu'à l'âge gallo-romain ; en second lieu, elle prouve que les dolmens ont pu devenir, à certaines époques, des lieux de culte.

Ajoutons que c'est autour du premier dolmen, le mieux conservé, qu'ont été découverts deux chefs-d'œuvre en bronze, une tête de Junon et un buste de Gallo-romaine, d'une conservation parfaite et d'une valeur artistique incomparable. On a recueilli au même endroit une jambe en bronze, d'un modelé charmant, ainsi qu'un débris de draperie en bronze. Tous ces objets se trouvent au Musée Alesia (1re salle du rez-de-chaussée).

A peu de distance de ce monument, vers le sud-ouest ont été déblayées trois caves gallo-romaines.

III. — Le quartier dit « En Curiot »; les huttes gauloises.

A 100 mètres environ de l'embranchement, d'où se détache le chemin du Mont Aussois, en face du mur du cimetière actuel, un premier chantier de fouilles, ouvert par la Société des sciences de Semur, occupe deux parcelles de terre au lieu dit « En Curiot ».

Deux campagnes de fouilles y ont été effectuées, la première en 1910, la seconde en 1912. Ces fouilles ont eu pour résultat la découverte de tout un ensemble d'excavations creusées dans le roc même. Cet ensemble constitue un véritable quartier gaulois ; car aucune construction de caractère vraiment romain ne paraît s'être élevée dans cette partie du Mont Aussois.

De ces excavations, les unes sont profondes et de forme à peu près régulière ; d'autres, au contraire, ont à peine entaillé la surface rocheuse et l'aspect en est plus grossier. Les premières ont certainement servi d'habitations, les autres sont des bases de foyers ou des silos ; elles se rencontrent souvent dans le voisinage les unes des autres, les bases de foyers et les silos servant pour ainsi dire de dépendances aux habitations proprement dites.

Dans ce quartier où un demi-hectare a été fouillé, il y a plus de quarante excavations d'inégale importance ; vingt au moins furent certainement des habitations, elles sont désignées sur le plan ci-contre par les nos 528, 529, 530, 536, 537, 542, 543, 544, 546, 547, 549, 550, 551, 552, 553, 556, 562. Au nord de la hutte n° 528, dans une parcelle fouillée en 1912, on a découvert une habitation composée non plus d'une seule pièce, mais de trois. Dans l'une de ces pièces, le foyer antique a été trouvé encore en place, formé d'un amoncellement de cendres et de

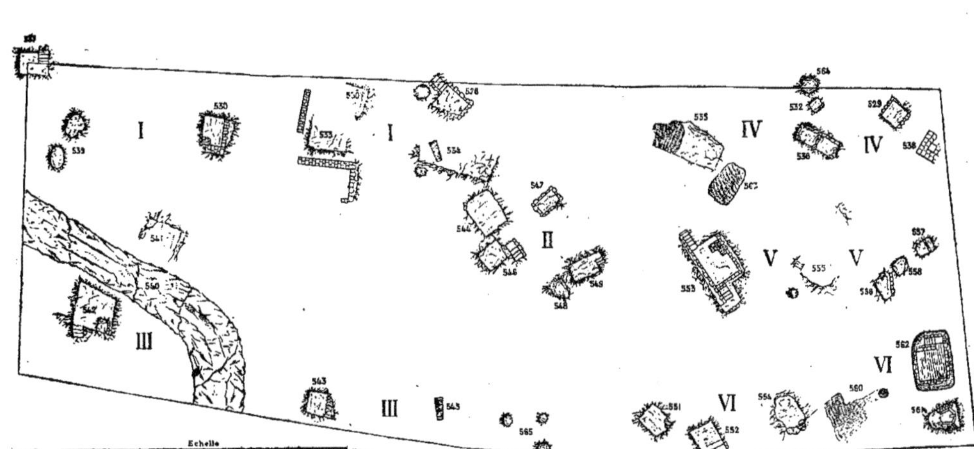

Fig. 8. — Plan du quartier gaulois « En Curiot ».

terre noirâtre, entouré de pierres placées de champ qui dessinent une moitié d'ellipse.

A l'origine les parois de ces excavations étaient constituées exclusivement par la roche vive taillée à pic ; pour y descendre, des escaliers avaient été aménagés, dont les marches étaient taillées dans le roc. Deux au moins des excavations retrouvées ou fouillées présentent encore ce caractère primitif.

Fig. 9. — Habitation gauloise.

Toutefois le plus grand nombre de ces habitations ont été régularisées par la construction de murs à l'intérieur de l'excavation rocheuse, et par la substitution dans les escaliers de marches en pierres rapportées aux marches taillées dans le roc vif. Tantôt on a simplement bouché ici et là les failles naturelles de la roche à l'aide de pierres disposées en murettes ; tantôt on a doublé les parois rocheuses par des murs en pierres sèches ; tantôt enfin de véritables constructions ont été édifiées à l'intérieur de l'excavation creusée primitivement dans le roc, afin de donner à l'habitation la forme d'un quadrilatère plus régulier, et sans doute aussi un aspect plus confortable.

Des modifications analogues ont été constatées sur le fond même de ces habitations. Le sol est souvent formé simplement par une aire de terre battue, où l'on retrouve des traces de foyer très visibles; mais parfois le fond rocheux a été recouvert d'une sorte de pavé en hérisson, par-dessus lequel a été étendue la couche de terre battue.

Ces excavations sont en général trop peu profondes pour avoir constitué toute l'habitation. Elles n'en formaient sans doute que la base, ou même le centre. Au-dessus d'elles, embrassant un espace peut-être plus vaste, s'élevait la hutte proprement dite, circulaire ou quadrangulaire, dont les parois et la toiture étaient faites de roseaux ou de branchages recouverts de terre mal cuite. On a retrouvé en quantité considérable sur le Mont-Aussois des débris de ces revêtements en terre cuite.

Ce quartier d'Alesia paraît avoir gardé sous l'Empire son aspect gaulois. Cette conclusion se trouve corroborée par la découverte de foyers, trouvés presque à la surface du sol, entre les excavations elles-mêmes, notamment aux points marqués sur le plan par les n°s 554, 560, 561.

En outre, dans la partie sud-ouest du terrain fouillé, au nord de la grande hutte n° 542, on a mis au jour, sur une longueur d'environ 30 mètres, un très ancien chemin gaulois, large en moyenne de 4 m. 20. La chaussée en est constituée par le roc même qui semble avoir été aplani ici et là; en deux points, des traces d'usure longitudinales et parallèles, très visibles sur le plan, représentent des ornières. Une autre fraction de ce même chemin fut mise au jour il y a quelques années, à moins de 100 mètres au sud, dans l'intérieur du cimetière actuel d'Alise-Sainte-Reine.

Cet ensemble de découvertes renseigne donc sur la nature et la disposition des habitations préromaines d'Alesia et sur l'aspect que présentaient encore à l'époque romaine certains quartiers de la ville. Sur le Mont Aussois, ces habitations n'ont pas cessé d'être occupées aux premiers siècles de l'ère chrétienne. Les vestiges gallo-romains recueillis dans ces excavations : débris de poterie, outils et instruments de bronze, de fer, tout particulièrement des monnaies de Claude et de Néron, en sont la preuve.

Au centre d'Alesia, des monuments nouveaux sur plan romain furent construits ; autour de ces monuments, les maisons les plus proches s'élevaient entièrement au-dessus du sol, bâties en moellons disposés par assises régulières. Mais plus loin dans les quartiers plus pauvres, les anciennes demeures subsistaient, mieux aménagées peut-être et rendues un peu plus confortables, mais fidèles au type primitif et à l'ancienne disposition. Sur le plateau, les mœurs celtiques et les usages gallo-romains se retrouvent mélangés, enchevêtrés pour ainsi dire ; par là peu à peu se précise et s'affirme le caractère original et attachant de l'Alesia gallo-romaine.

IV. — **Les fouilles de la Croix Saint-Charles.**

Les fouilles de la Croix Saint-Charles ont été entreprises en 1909 par MM. le commandant Espérandieu et le Dr Epery. L'importance archéologique de la Croix Saint-Charles avait été indiquée, dès 1898, par M. Victor Pernet, qui, après avoir effectué des travaux de captage des eaux en cet endroit, près de « la seule source qui jaillisse sur le plateau » déclara que « des fouilles pratiquées avec méthode sur ce point seraient très intéressantes » (Pro Alesia, 1re année, 1906-1907, p. 48-49). Guidé par ces observations de M. V. Pernet, M. le commandant Espérandieu, qui savait et qui avait écrit en 1906 que « M. Pernet avait fait mettre à découvert le point de captage des eaux de l'extrémité orientale du Mont Aussois » (Espérandieu, *Les fouilles d'Alesia de 1906*, p. 42), entreprit en 1909 des fouilles dans cette partie du Mont Aussois. Ces fouilles ont eu pour résultat la découverte d'un sanctuaire dédié au dieu Apollon Moritasgus, c'est-à-dire à l'ancien dieu gaulois Moritasgus assimilé sous l'empire romain au dieu grec Apollon. Ce dieu présidait à la source qui jaillit en cet endroit et qui passait pour avoir des vertus médicinales. Le sanctuaire comprenait, autour d'un édifice central de forme rectangulaire, plusieurs piscines ou bassins reliés par une canalisation qui s'est bien conservée. Dans ce sanctuaire ont été recueillis de nombreux ex-voto en pierre et en bronze, en particulier des lames de bronze sur lesquelles des yeux sont représentés au pointillé. Il est probable que les eaux de la source avaient la réputation d'être spécialement efficaces pour les maux d'yeux.

A l'est du sanctuaire d'Apollon Moritasgus, MM. Espérandieu et Epery ont découvert, en 1911, un mur dans lequel ils ont cru reconnaître une partie du rempart gaulois d'Alesia, rempart composé à la fois de pierres et de poutres en bois. Des clous, d'une longueur de 0 m. 12 à 0 m. 30, ont été retrouvés au pied de ce mur.

Toujours dans la même région, ils ont mis à jour en 1912 un autre rempart, composé d'une *maceria* (mur grossier) et d'un fossé; c'est peut-être le rempart que les Gaulois établirent, au début du siège d'Alesia, pour barrer la pente du Mont Aussois, plus accessible de ce côté.

Quant aux objets trouvés dans les fouilles de la Croix Saint-Charles, M. le Dr Epery avait offert, le 12 mai 1909, de les déposer dans le Musée municipal d'Alise et la commune d'Alise avait accepté cette offre avec reconnaissance. Depuis lors, MM. Espérandieu et Epery ont sans doute modifié leurs intentions, car la plus grande partie des objets découverts par eux ont été donnés au Musée des Antiquités nationales de Saint-Germain-en-Laye (*Bulletin archéologique du Comité des travaux historiques*, 1910, p. CXLII; 1911, p. XLVI).

III. — LE MUSÉE ALESIA

Il fallait aux intéressantes et nombreuses trouvailles faites par la Société des Sciences de Semur sur le Mont Aussois un cadre digne d'elles. Pour leur assurer ce cadre, la Société a

Fig. 10. — Le Musée Alesia

fait d'abord l'acquisition d'un immeuble situé au centre même d'Alise, et qui fut jadis l'hôtel du Croissant. Les travaux de restauration de cet immeuble et son aménagement en Musée ont été dirigés par M. Chaussemiche, aujourd'hui architecte en chef du palais de Versailles et des Trianons, ancien pensionnaire de la villa Médicis. Les premières salles de ce Musée, nommé Musée Alesia, ont été inaugurées solennellement le 18 septembre 1910 par M. Dujardin-Beaumetz, sous-secrétaire d'État des Beaux-Arts. D'importantes annexes ont depuis été achetées et aménagées.

Ce Musée renferme, en originaux, tous les objets sans exception qui ont été trouvés sur l'emplacement d'Alesia depuis 1905 par la Société des Sciences de Semur.

Rez-de-chaussée.

Salle d'entrée sur la façade.

Nous trouvons ici divers fragments architecturaux, entre autres des débris de corniches et de colonnes. A droite de l'entrée, un demi-fronton triangulaire sur lequel est sculpté, dans le sens vertical, un buste de femme, dont il ne reste que la moitié; un Amour ailé semble soulever une draperie. — A remarquer aussi des acrotères en pierre de Til-Châtel, un chapiteau corinthien.

La grande vitrine, placée à droite devant la cheminée, renferme :

Un seau gallo-romain du IIIe siècle, en bois, trouvé au mois de juin 1906 au fond d'un puits de 23 mètres de profondeur, au lieu dit le Cimetière Saint-Père.

Une déesse-mère ou Mater, trouvée le 3 juin 1908 au pied de la niche de « la cave à la Mater ». Pierre blanche, hauteur totale 0 m. 50. Coiffée d'un diadème bas qui se termine en son centre par une sorte de fleuron arrondi, vêtue d'une robe talaire agrafée aux deux épaules et que recouvre une tunique, elle est assise; la main droite tient une patère et la main gauche retient un pli de la robe dans lequel on voit une douzaine de fruits de grosseur variée.

Une tête de déesse ou d'impératrice, hauteur 0 m. 25, grandeur naturelle.

Fig. 11. — Déesse-mère ou Mater (de face). Fig. 12. — Déesse-mère ou Mater (de profil).

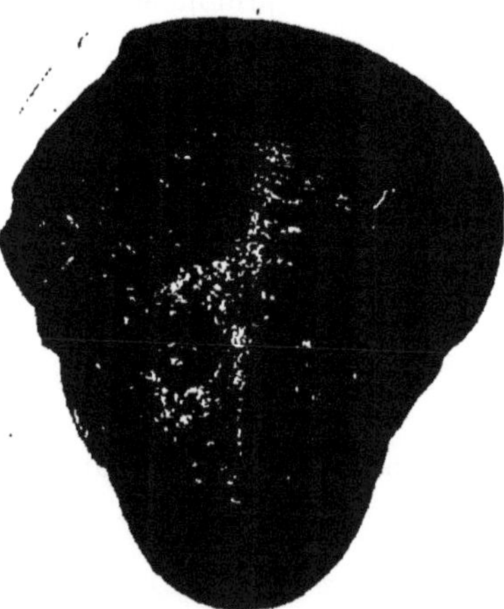

Fig. 13. — Tête de Junon en bronze (face).

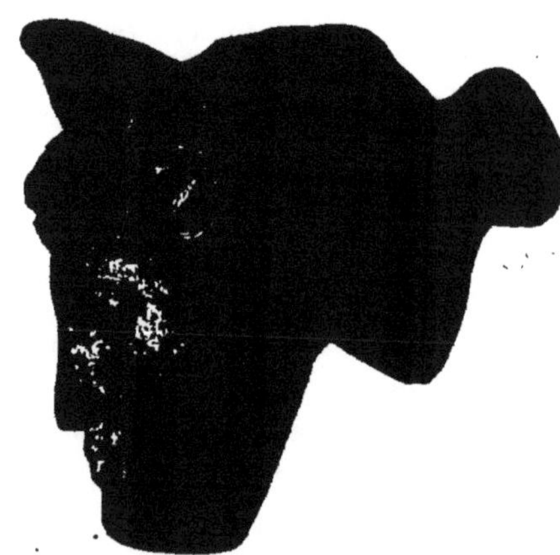

Fig. 14. — Tête de Junon en bronze (de profil).

Un vase votif en bronze trouvé le 21 juillet 1908 dans la crypte du Monument à crypte (hauteur 0 m. 46, poids 5 kgr.). Il porte sur lecol une inscription en quatre lignes, dédicace aux divinités Ucuetis et Bergusia.

DEO VCVETI ET BERGVSIAE
REMUS PRIMI FILIVS
DONAVIT
V. S. L. M.

Une tête de Junon diadémée, demi grandeur naturelle, trouvée en octobre 1912 dans le sanctuaire dolménique du champ de fouilles « En Surelot » ; bronze reproduisant un original grec du IVe siècle avant J.-C., œuvre artistique d'une grande beauté.

Un buste de Gallo-Romaine, trouvé au même endroit que la précédente (1912), portrait en bronze du Ier siècle après J.-C. ; coiffure du temps de Néron, œuvre d'un caractère réaliste et d'une fabrication parfaite.

Une jambe en bronze demi grandeur naturelle, fragment de statue ou ex voto, trouvée également dans la cella du sanctuaire dolménique (1912).

Un débris de draperie en bronze, grandeur naturelle (poids 1 kg. 680, longueur 29 centimètres, largeur 16 centimètres) trouvé dans la grande salle du sanctuaire dolménique (1912).

Une tête de panthère en bronze, trouvée en 1914, d'un style remarquable et d'une technique intéressante.

Une statuette d'Epona, déesse protectrice des chevaux, en pierre du pays, de facture grossière.

Un bol en poterie rouge vernissée trouvé en 1906 au lieu dit le cimetière Saint-Père.

Un vase en poterie noire décorée à la barbotine, et portant l'inscription *Utere Felix* (« Sois heureux, toi qui t'en serviras ») ; etc., etc.

Derrière la vitrine, au-dessus de la cheminée, on trouve au centre la Triade capitoline, bas relief de 0 m. 50 de haut, en

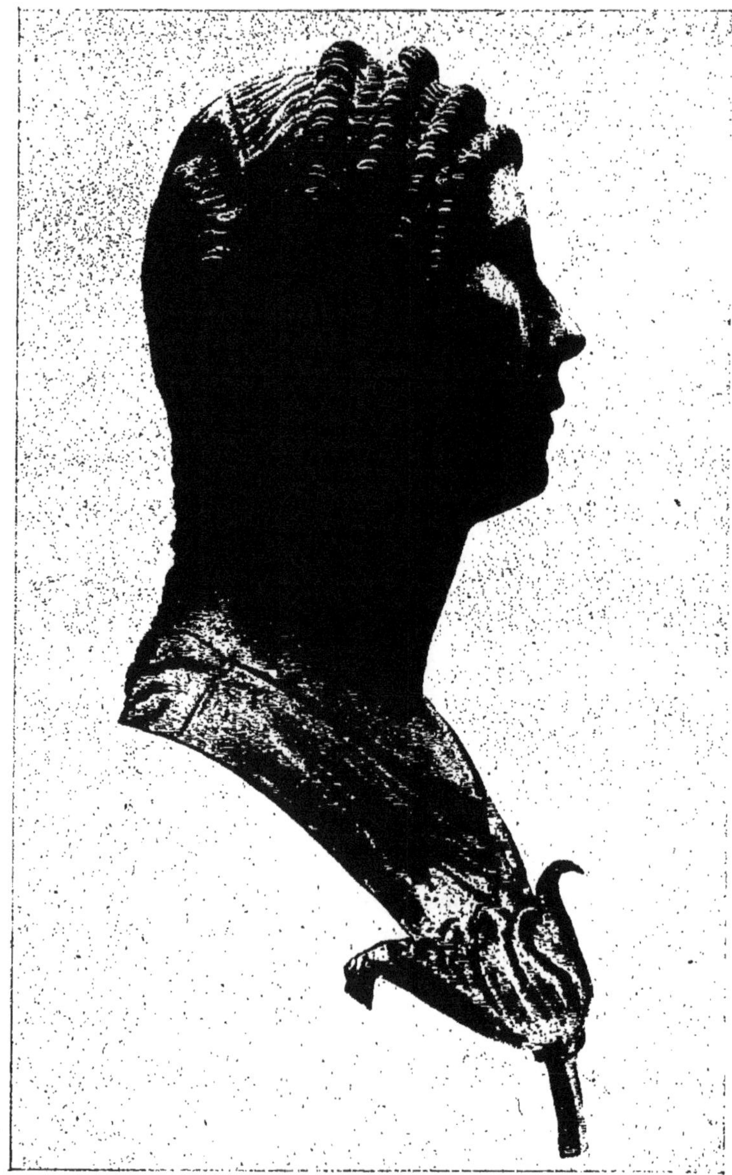

Fig. 15. — Buste de Gallo-romaine en bronze.

pierre blanche, trouvé en 1906 près du temple. Jupiter assis sur son trône, tient de sa main droite son sceptre; à sa gauche

Fig. 16. — Tête de panthère en bronze.

Junon voilée, le front couronné d'un diadème; à sa droite Minerve, coiffée d'un casque à cimier, la main gauche appuyée sur son bouclier, s'empresse au devant du dieu.

A droite de la Triade et tenant son cheval par la bride, un des deux Dioscures, que la légende faisait fils de Jupiter et de Léda (1906).

Ces deux bas reliefs datent vraisemblablement du Ier siècle.

Dans l'angle à gauche, sur le sol, une tête mutilée qui, suivant toute apparence, décorait la façade orientale du Monument aux absides, tête de jeune femme à la chevelure ornée de trois fleurs qui par leur forme rappellent des clématites.

A droite de la cheminée, sur la console de la fenêtre, à côté d'un débris de mosaïque, un fragment de statue : Mercure

Fig. 17. — La Triade Capitoline,

chevauchant un bélier, trouvé le 7 septembre 1906 aux environs du temple (1).

(1) Cette pièce, d'un grand intérêt à cause de sa rareté, a été étudiée par M. Toutain (Société des Antiquaires de France, 1910, p. 88). M. Toutain a montré que ce fragment est formé d'un bélier, dont les cornes sont très apparentes, et d'un personnage chevauchant l'animal. Un seul groupe s'adapte à ces détails : c'est Mercure chevauchant le bélier. Ce qui fait le grand intérêt du fragment découvert sur le Mont Aussois, c'est que les monuments grâce auxquels ce motif est connu étaient exclusivement des vases peints, de petites figurines de bronze, des pierres gravées ou des lampes en terre cuite ; et d'autre part, c'est, semble-t-il,

Au centre de la salle, un peu à gauche de la porte d'entrée, se trouve une table antique en pierre tendre, de forme ronde,

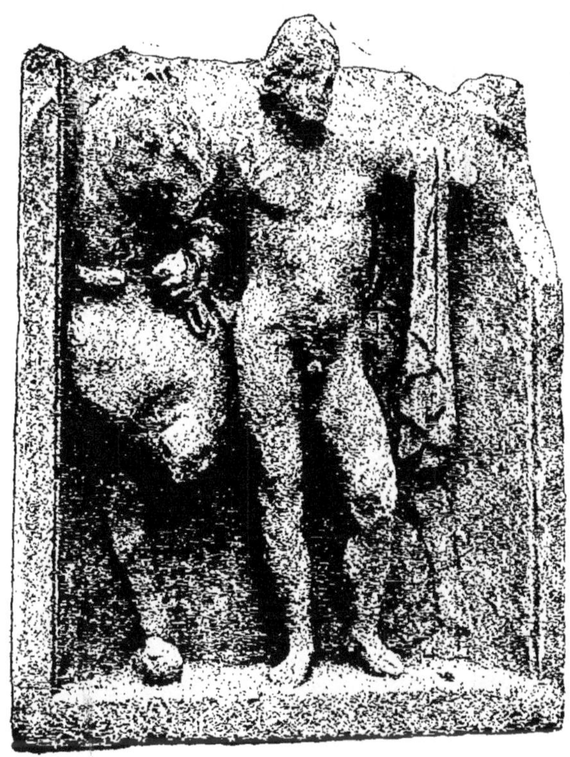

Fig. 18. — Le Dioscure.

montée sur un pied quadrangulaire, trouvée dans la cave à la Mater (1908).

Au pied de cette table ont été placés provisoirement : une statuette de Satyre au repos, malheureusement fragmentaire,

la première fois que ce motif est signalé en Gaule. Il est absent des consciencieux inventaires qu'ont dressé des types de Mercure dans notre pays M. Mowat (*Bulletin monumental*, 1876, p. 330) et M. Salomon Reinach (*Bronzes figurés de la Gaule romaine*).

Fig. 19. — Le torse du Satyre au repos.

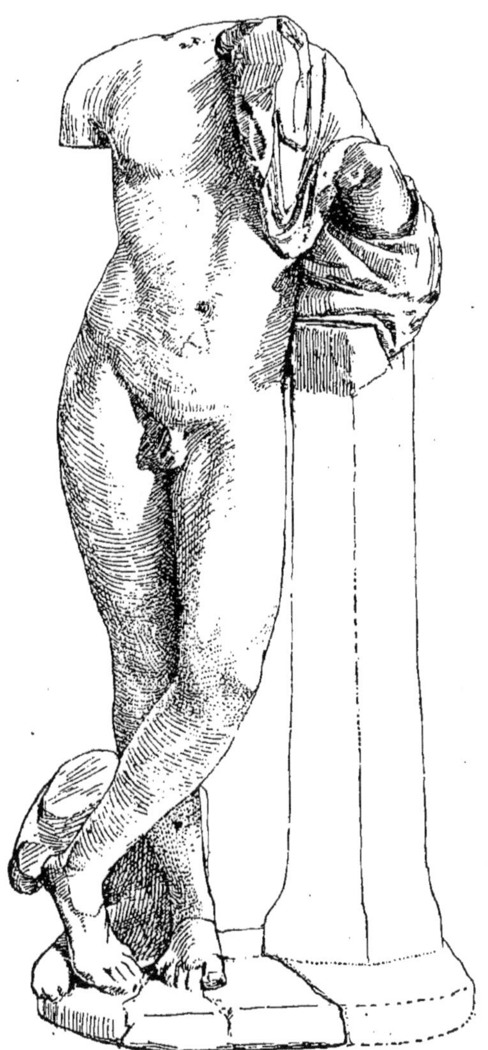

Fig. 20. — Restitution du Satyre au repos d'Alesia.
(Dessin de M. Lagrange, élève de l'École des Beaux-Arts).

mais dont le torse est d'un fort beau modèle; — un groupe représentant un dieu et une déesse assis côte à côte sur un siège à dossier élevé ; — les débris d'une inscription gauloise en caractères grecs. Cette inscription a été lue et traduite ainsi, par M. le professeur John Rhys, d'Oxford :

CAMOTAΛOC : AYOYωTIKNOC
CECIA : KΛAMAKI : ΓAPMA
BIPAKOTωY TICABANNω
KOBPITOYΛωYBAPTIB : ATNO

Traduction :

Samotalos, fils de Avvotis (et) Sesia Carma, fille de Clamacios, en pleurant (ont élevé ce monument) à leurs enfants Biracotus, Tisabanos (et) Cobritulus.

Comme fragments en pierre, remarquons encore dans cette salle deux têtes coupées aux yeux clos, de type négroïde, analogues aux têtes coupées qui ornaient le trophée découvert à Entremonts, près d'Aix-en-Provence; une statue, malheureusement incomplète, de chef gaulois vêtu d'un manteau à la romaine, mais dont on distingue le ceinturon et la courte épée gauloise ; le torse d'une amazone (?) vêtue d'une tunique courte et portant un petit bouclier en forme de croissant.

Contre le mur du fond à gauche en entrant, une haute vitrine contient des poteries variées ; en haut sont des cruchons indigènes à une ou deux anses ; plus bas des poteries noires gallo-romaines décorées de feuilles de lierre ou de dessins à la roulette, losanges, cercles; puis des vases à dépressions, etc., etc.

En face de l'entrée, une autre vitrine renfermant, outre de nombreux objets et outils en fer, une statuette en pierre de Jupiter à la roue ; une tête de divinité entre deux oiseaux ; un acrotère de forme ronde, en pierre du pays, et qui fut remployé comme couverture d'une conduite d'eau ; enfin, tout à fait en bas, une série de poids en pierre, dont quelques-uns sont encore munis de l'anneau qui servait à les manier.

D'autres objets de fer, principalement des outils, sont placés sur des planches disposées le long du mur qui fait face à l'entrée, à droite de la baie par laquelle on passe dans le grand hall.

La plupart des objets en fer exposés dans cette salle ont été trouvés dans une des pièces et dans le puits profond de la maison dite du Silène : haches, serpes, couperets, poinçons, compas, pelles, clefs, serrure ronde, sonnailles (tintinnabula).

On sort de cette première salle par la baie qui se trouve en face de la porte d'entrée; après avoir traversé le palier d'où part l'escalier qui conduit au premier étage, on pénètre dans le grand hall, qui n'est pas encore complètement aménagé. De nombreux morceaux d'architecture, colonnes, chapiteaux, fragments divers de décoration y sont déposés. Sous une voûte qui s'enfonce à l'extrémité gauche de la grande paroi du fond, ont été rassemblés de nombreux débris de moulures et de plaques de marbre, qui proviennent presque tous de la façade orientale du monument aux trois absides (voir plus haut, page 22).

Du hall, on descend par un escalier tournant dans une salle souterraine où ont été disposés douze sarcophages de pierre, de l'époque mérovingienne et carolingienne, découverts au lieu dit Le Cimetière Saint Père, autour du sanctuaire chrétien, que l'on peut considérer comme la basilique primitive de sainte Reine (voir plus haut, page 27).

Premier étage.

Première salle.

A droite, vitrine verticale de poteries rouges vernissées trouvées pour la plupart en 1906 près de la cave au Silène. Fabriqués surtout dans l'atelier de la Graufesenque (département actuel de l'Aveyron), ces vases en forme de grands bols sont ornés de reliefs pour la plupart empruntés au règne végétal. Un d'entre eux surtout est remarquable; entre les guirlandes et les rinceaux on voit Mercure, et dans un encadrement identique un personnage drapé debout devant un autel. Sur le rayon supérieur de la vitrine sont des chaudrons en bronze

Fig. 21. — Vase en poterie rouge vernissée.

doré et étamé qui semblent bien d'époque gauloise et qui se rattachent à l'industrie des bronziers d'Alesia ; on sait, par un texte de Pline l'Ancien, que cette industrie était florissante en Gaule et principalement à Alesia.

Dans la petite vitrine métallique adossée au mur près de la fenêtre de droite sont des creusets à fondre le bronze.

En mai 1909, dans un puits construit à la façon gauloise, au sud du théâtre, on a recueilli un grand nombre de débris de creusets à fondre le bronze et onze creusets entiers ou à peu près intacts. Il n'existe nulle part une aussi belle série de ces témoins de l'industrie gauloise.

L'autre vitrine métallique, semblable à la précédente, de l'autre côté de la fenêtre de gauche, renferme un groupe d'objets d'un très haut intérêt. Une flûte de Pan en bois (1906, puits

Fig. 21. — Creusets à fondre le bronze.

de 23 mètres) remise en bon état de conservation par les ateliers du Musée de Saint-Germain. C'est le seul exemplaire connu de flûte de Pan que l'antiquité nous ait transmis. L'objet est formé d'une planchette de bois creusée de 7 trous d'inégale longueur avec trace d'un 8e trou.

Fig. 22. — Flûte de Pan en bois.

A côté, le Gaulois couché, bronze d'applique dont la valeur documentaire est très grande, car c'est l'un des rares bronzes où l'on retrouve le costume national gaulois. Celui-ci consiste essentiellement dans la braie, retenue à la ceinture par un bourrelet que forme le haut du vêtement replié sur lui-même; la chaussure est faite d'une semelle sans talon, avec bandes de cuir et cordon d'attache. Les œuvres d'art qui, comme le Gaulois couché d'Alesia, servaient à décorer autrefois l'intérieur ou l'extérieur des vases précieux, avaient reçu des Grecs le nom d'*emblemata.*

Fig. 23. — Le Gaulois couché.

Dans la même vitrine est un buste de Silène découvert dans la maison dite pour cette cause, « maison du Silène », au sud du forum. C'est une pièce de bronze de 0 m. 12 de haut. qui servait jadis de peson de balance. On en connaît en Europe plusieurs exemplaires analogues.

La même vitrine métallique renferme en outre : une petite statuette de Mercure debout; le dieu, complètement nu, est coiffé du pétase et a son manteau sur le bras gauche; une aiguière et son plateau, ayant eu sans doute une destination religieuse; une petite coupe de bronze; une anse de vase en bronze (poids 645 grammes) portant à sa base deux têtes de bouc pourvues d'une grande barbe et d'une toison abondante, comme dans certaines races de boucs exotiques; les trois quarts environ d'un miroir de bronze étamé, de 0 m. 22 de diamètre; une améthyste avec l'image d'un paon, trouvée près du temple, etc.

Les grandes vitrines verticales fixées aux murs, dans cette salle et dans la salle voisine, sont garnies avec de nombreux objets de fer, d'os, de cuir, de bois, de poterie.

Les vitrines du centre de la salle renferment :

La première, des bijoux variés : nombreuses et belles fibules en bronze, en argent, avec émaux ; cuillers à parfums, etc.

La seconde et la troisième, de nombreux débris de poteries,

de marbre avec inscriptions, d'objets de fer ; des monnaies gauloises et gallo-romaines, des rouelles gauloises.

Le quatrième enfin, des débris de verrerie, de poteries, et différents menus objets tels que terres cuites blanches de l'Allier ; morceaux de plomb retirés en général du fond des puits et ayant servi autrefois à faire basculer les seaux pour prendre l'eau dans le puits, etc.

A remarquer quelques lamelles de bronze sur lesquelles sont dessinés des yeux ; ce sont sans doute des ex-voto analogues à ceux qu'on a découverts dans les ruines du sanctuaire d'Apollo Moritasgus à la Croix Saint-Charles.

Deuxième salle.

Dans la seconde salle, en entrant on aperçoit à gauche, dans la vitrine, des hipposandales, sorte d'armatures que les archéologues considèrent comme des chaussures de bêtes de somme.

Des vitrines entières sont occupées par des objets d'os : épingles, aiguilles, anneaux, dés à jouer, poinçons, cuillers à parfums, couteaux ouverts ou fermés, peigne, une épingle à

Fig. 24. — Anse de vase en bronze.

cheveux avec une tête de femme (sans doute Diane au croissant), de nombreuses parties de charnières où certains voient encore des fragments de flûte. Trois de ces parties étaient nécessaires pour une charnière ; elles étaient montées sur un même axe et les deux extrêmes fixées à l'axe tournaient avec lui.

On a trouvé également sur le plateau d'Alesia de nombreux échantillons de lampes en terre cuite, dont les uns sont du type le plus répandu dans la Gaule romaine, mais dont quelques autres sont d'une forme spéciale, particulière à la région éduenne et qui rappelle un peu la forme d'un bougeoir.

A côté de ces petites lampes, un vase en fragments, dont le relief est à la barbotine et reproduit le type traditionnel de Mithra tauroctone (tuant le taureau).

Une vitrine renferme des vases étamés trouvés dans un puits silo. Parmi ces objets, il convient de signaler un vase circulaire de 8 centimètres de diamètre, avec bord godronné fait au repoussé, et surtout un vase ovale de 24 centimètres de longueur environ, portant en son centre un dessin assez ouvragé, fait au burin, représentant un poisson.

La richesse de ces vases les a fait considérer comme des vases rituels, ayant servi au culte de certaines divinités d'Alesia (1). Il semble bien, d'autre part, que le trésor constitué par ce mobilier cultuel soit de l'époque gauloise, car le puits silo qui lui a servi de cachette est fait de pierres sèches, sans mortier, on n'y a trouvé aucune monnaie romaine, mais des monnaies gauloises primitives et frustes. Si cette conjecture est exacte, cette trouvaille serait d'une importance incontestable, tant au point de vue de l'histoire des religions que de l'histoire de l'art et de l'industrie avant la conquête romaine.

Beaucoup de fragments de verre de couleur et de vases de verre irisé ont été trouvés dans les fouilles. Une vitrine métal-

(1) M. Besnier, Les vases de métal découverts à Alesia en 1911, *Pro Alesia*, tome V.

lique près de la fenêtre renferme plusieurs vases, dont un surtout (trouvé en 1911) est d'une forme très élégante.

Dans la même vitrine un très beau collier composé de 14 grains de tailles différentes, trouvé en 1912 en même temps qu'une bague en or du poids de 5 grammes dont l'intaille représente un amour ailé jouant de la lyre.

Fig. 25. — Buste de la Tutela d'Alesia (haut-relief de pierre).

IV. — FONTAINE SAINTE-REINE

LA CHAPELLE SAINTE-REINE; L'HOSPICE

Sortant du Musée Alesia et descendant la rue qui passe devant la façade, on apercevra à 50 mètres plus bas, à gauche de la rue, à l'entrée d'une cour, la fontaine miraculeuse de Sainte-Reine, sous une petite voûte, et tout au fond de la même cour la chapelle de Sainte-Reine, toutes deux rappelant la patronne du pays, dont le nom est joint à celui d'Alise. Un mot sur la légende de la Sainte est à sa place ici : « Arrière petite-fille de Vercassivellaun (cousin de Vercingétorix) qui fut fait prisonnier après la bataille sanglante qui assujettit à jamais les Gaulois aux Romains, elle était fille de Lucius Clementinus, qui commandait le pays des Mandubiens, aujourd'hui l'Aussois. Lucius Clementinus fit construire le château de Grignon où Reine naquit en 236 après J.-C. Elle fut élevée à Alise même par une nourrice chrétienne, qui lui fit embrasser sa religion ; à l'âge de 15 ans, elle aima mieux subir le martyre que de renier sa foi et de répondre à la passion que sa beauté avait fait naître chez Olibrius, gouverneur des Gaules. Elle gardait, au lieu-dit les Trois-Ormeaux (où se trouve actuellement sa statue), les moutons de sa nourrice, lorsqu'elle fut arrêtée ». Les tableaux de la chapelle de l'hospice la montrent successivement frappée de verges, déchirée avec des peignes de fer, brûlée avec des torches, plongée dans une cuve d'eau froide, emprisonnée à Grignon et enfin décapitée, en dehors des murs d'Alise, le 7 des ides de septembre (date du pèlerinage actuel). C'est à l'endroit où tomba sa tête que jaillit, dit-on, la source dénommée depuis « Fontaine miraculeuse », à cause des nombreuses guérisons qui s'y opérèrent par la suite. Un notable bourgeois de Paris ayant été guéri fit bâtir une chapelle (1) et l'on vint des extrémités de la France, de l'Italie et de l'Allemagne implorer l'intercession de la sainte.

Du XVIe au XVIIe siècle, époque la plus florissante de la dévotion à Sainte-Reine, le nombre des pèlerins s'éleva jusqu'à 60.000 par année. Beaucoup ne trouvaient pas d'asile; c'est alors que saint Vincent de Paul, à l'aide de subsides fournis par Jean Desnoyers et Pierre Blondel, riches bourgeois de Paris, entreprit la fondation de l'Hospice (1663), dont l'entrée est aujourd'hui située à moins de 100 mètres au-dessous de la fontaine, sur le côté droit de la rue descendante. A titre de document, citons à ce sujet le jugement de Courtépée, annaliste de Bourgogne. « Je n'essaierai pas de décrire cet établissement, remarquable par son site et la pureté de l'air qu'on y respire; je ne parlerai pas d'une fontaine qui, au moyen d'un canal souterrain de 3.000 mètres, apporte de l'extrémité orientale du Mont-Auxois, ses belles eaux pour le double service de la maison et des bains. Ces eaux fraîches et limpides ont été reconnues favorables dans les maladies cutanées, dès 1778, par Doucet, de Frolois, habile chirurgien qui a composé sur ce sujet un mémoire manuscrit ».

De la terrasse de la cour d'honneur, belle vue sur la plaine des Laumes et le Mont-Réa. Dans la chapelle de l'hospice on remarque une superbe grille en fer forgé, un beau reliquaire, et de grands tableaux représentant la vie et le martyre de sainte Reine. La salle du Conseil est ornée aussi de peintures curieuses, et la pharmacie renferme, outre des boiseries remarquables du XVIIIe siècle, une collection de faïences d'une grande valeur.

Les bains et une installation pour villégiature sont dans une propriété attenant à l'hôpital.

Un peu plus bas que l'hospice, toujours à droite de la rue descendante, se trouve le Musée municipal.

(1) On y remarque une statue ancienne de Sainte-Reine miraculeuse (XIIIe siècle).

V. — MUSÉE MUNICIPAL

A l'époque des fouilles de 1861, il avait été question, dans l'entourage de Napoléon III, de créer à Alise le Musée des Antiquités nationales, aujourd'hui établi dans le château de Saint-Germain-en-Laye. A défaut, on construisit à Alise, sur les fonds de la cassette particulière de l'empereur Napoléon III, un Musée municipal, achevé en 1862, où prirent place divers objets trouvés par des particuliers sur le Mont Aussois ou aux environs.

On y adjoignit, dans deux vitrines verticales, les moulages de diverses armes et autres objets trouvés dans les fossés de César et dont les originaux avaient été transportés à Paris pour prendre place, plus tard, au musée de Saint-Germain.

Dans les vitrines horizontales, se trouvent de nombreux objets gallo-romains, en particulier une belle collection de clefs en bronze et en fer, des fibules, clochettes, poteries, lampes, etc., la plupart malheureusement sans indication d'origine ni de date (1). Sur une fenêtre, deux têtes en pierre, de grandeur naturelle.

La pièce la plus importante du Musée municipal est l'inscription sur pierre, trouvée en 1839 sur le Mont Aussois, dans les fouilles faites par Maillard de Chambure. Cette belle inscription est rédigée en langue celtique ou gauloise, mais écrite en caractères latins (les Gaulois n'ayant pas de système d'écriture à eux). Pour la lecture et la traduction de ce document, voyez plus haut, p. 14 et fig. 3. Le principal intérêt de l'ins-

(1) Depuis la fondation du Musée municipal, un certain nombre des objets exposés ont disparu, en particulier par suite d'un cambriolage, où furent volés de nombreuses monnaies et deux plombs portant les inscriptions ALS... et ALSENS... qui malheureusement semblent aujourd'hui irrémédiablement perdus.

cription Martialis est de porter, à sa dernière ligne, le nom même d'Alise.

Selon la promesse faite par M. le Dr Epery à la commune d'Alise-Sainte-Reine (délibération du conseil municipal du 12 mai 1909), le Musée municipal devait s'enrichir de toutes les trouvailles faites à la Croix Saint-Charles; mais on n'y trouvera que quelques menus objets, en particulier des ex-voto; les pièces les plus importantes paraissent avoir été données au musée de Saint-Germain.

Après avoir visité le Musée municipal on pourra sortir du village en suivant la rue descendante jusqu'à la première bifurcation. Si l'on veut revenir aux Laumes, on prendra la route à droite par laquelle on était venu. Si l'on veut auparavant voir la statue de Sainte-Reine, on continuera à descendre tout droit et à 300 mètres environ on arrivera au carrefour où se trouve la statue. Elle est dénommée statue des Trois-Ormeaux ou statue des Trois-Croix et fait l'objet d'une procession et d'un pèlerinage au moment des fêtes religieuses de Sainte-Reine, qui ont lieu chaque année le 7 septembre ou le dimanche qui suit.

Ces fêtes religieuses comprennent la représentation d'une tragédie de sainte Reine, dont les acteurs et figurants sont, comme à Oberrammergau, des habitants du village.

TABLE DES MATIÈRES

LE PUY-EN-VELAY. — IMPRIMERIE PEYRILLER, ROUCHON ET GAMON

BIBLIOTHÈQUE PRO ALESIA

PUBLIÉE SOUS LE PATRONAGE DE LA SOCIÉTÉ DES SCIENCES HISTORIQUES
ET NATURELLES DE SEMUR-EN-AUXOIS

Par MM. L. MATRUCHOT et J. TOUTAIN

FASCICULE I. — *La question des effectifs au siège d'Alesia*, par R. DE LAUNAY.

FASCICULE II. — *Alesia, son histoire, sa résurrection*, par J. TOUTAIN.

FASCICULE III. — *Les têtes coupées d'Alesia et Hercule à Alesia*, par Adolphe REINACH.

FASCICULE IV. — *Inventaire bibliographique des ouvrages relatifs à Alesia*, par Armand VIPÉ.

FASCICULE V. — *L'emplacement d'Uxellodunum*, par Joachim COMBES.

FASCICULE VI. — *Les opérations de César et de Vercingétorix avant le blocus d'Alesia*, par M. le lieutenant-colonel J. COLIN.

LIBRAIRIE ARMAND COLIN ET Cie
103, BOULEVARD SAINT-MICHEL, PARIS

Le Puy-en-Velay. — Imprimerie Peyriller, Rouchon et Gamon.

www.ingramcontent.com/pod-product-compliance
Ingram Content Group UK Ltd.
Pitfield, Milton Keynes, MK11 3LW, UK
UKHW022128260726
13993UKWH00003B/1314